部下が動いた!!

―地方創生の主役はあなた！
できる自治体管理職の心得帖―

中村誠仁著

部下が動いた!!

～地方創生の主役はあなた！
できる自治体管理職の心得帖～

中村誠仁

はじめに

本書は令和時代に地方自治を担う若手自治体職員、特にこれから管理職を目指す方々にあてた書だ。内容は「部下を育て」「自らも成長し」、チーム、組織として仕事の成果を挙げていく「心得」だ。筆者は、大阪府庁、厚生省、そして郷土の守口市役所で「人」と「仕事」のマネジメントを経験した。本書はこの四十余年の自治体行政経験に基づくものだ。「働き方改革」が叫ばれ、他方で役所と言えども「終身雇用神話」が崩れた。どうすれば今の若者に誇りをもって地方自治に没頭してもらえるか。エビデンスなき精神論や「昭和の時代の年寄り」のくりごとでは心に響かない。本書ではすべて体験に基づく「部下が動いた、動いてくれた瞬間」を二十三の「法則」として記した。併せて先輩方から学んだ「胸に刺さった一言」もまとめてみた。地方自治行政と言えどその現場はそれぞれの役所、職場で千差万別だ。「なるほど!」と心に響いた部分を取り入れ実践してもらえたら、必ずや納税者たる市民の満足度向上、すなわち「活力あるまちづくり」と「市民の幸せ」につながるものと思う。

目　次

苦にはならない仕事のさせ方

1 山より大きいイノシシは出ない　明けない夜はない

初めて取り組む仕事、今までやったことのない難題に向かい合うと、人は誰でも「うまくやれるかな」「やったことない、自信ない」という気持ちが先に立つ。未知への「恐怖」は当然の心理だ。私も多くの「不安」経験をした。泣きそうになったことも投げ出しそうになったこともある。歯を食いしばって取り組んでみた。その仕事、懸案課題に関わる勉強も一生懸命行った。するとほとんどの仕事、課題はそれなりには解決できた。その経験を通じて管理職になってからは、部下、係員にしばしばこんな言葉をかけて、寄り添って一緒に問題解決に取り組んだ。それが「山より大きいイノシシは出ない　明けない夜はない」という言葉だ。初めて直面する難題はとてつもなく大きく見える。でも、我々公務員が「皆で」懸命に取り組めば、「絶対に解決できない」問題など、よほどのことがない限

り発生しない。もしそんな問題が出てきたらそれは「いち担当者やいち主任・いち係長の手に余る話」と割り切ればよい。そんな時は遠慮なく課長や部長に「ふれ」ばよいのだ。とんでもなく大変そうに見えても、あるいは解決の糸口をどう解きほぐせばいいのか先が「見えない」と感じた時も、「逃げ」の姿勢にさえ走らなければ解決の道筋は必ず「見えて」くる。大学受験のときなどを思い出してみよう。長文の英文読解やヒヤリングの聞き取りなど。最初は「解けない、とてもやないけど意味が分からへん、聴きとられへんわ」と思った出題も辛抱強く、くり返し取り組んでいれば、ある時から少しずつ「分かる、解ける」ようになった経験はないだろうか。

仕事もそれと同じだ。チームの大勢の人間が「力を合わせた」知恵と努力、それに時間が、やがて問題を解決に導いてくれるものだ。「幻影」にだけ怯え、最初から「腰が引けては」いけない。いつか「終わる」「解決できる」。チームリーダーはそうアドバイスし部下には「逃げ」ずにまず向かい合う「勇気」を持たせてあげよう。

2 ひとりぼっちは絶対ダメ！　孤立感が人をダウンさせる

大変な仕事、むつかしい仕事ほど上司は部下に「一人で解決させよう」としてはいけない。また部下が一人で抱え込んでしまわない、抱え込まないようにしてあげないといけない。担当者の心構えとしてもそうだ。ましてや自らが課長や部長となって「仕事を部下に任せ」、それをマネジメントする管理職の立場になった時は絶対に自分に言い聞かせるべきフレーズだ。四十年も役人をやっていると仕事が主因でメンタルダウンした職員とも多く向き合った。最初から気持ちで逃げてしまい結局「自己撞着」的に（自らそこへ逃げ込むように）メンタルダウンし症状を悪化、悪循環させてしまうケースもある。だが多くの場合はその真面目さゆえにダウンしてしまう。ギリギリまで自分で何とかしようとする。だけどなかなか上手くいかない。助けを求められる人が周囲に見当たらない。そして「助けてくれる人なんていない！」と思い込んでしまう。その結果、すべてを自分で抱え込み、物理的、精神的に参ってしまいダウンする。そんなケースがとても多い。役所といえども今はどこも限られた人員で、懸命に自分の仕事をこなそうとしている。同僚も仲間の「異変」

に気づいてあげれなかったというケースも多い。最も大事なのは、その仕事を命じ、業務を担当させた課長なりの管理職だ。しっかりと「業務の遂行状況」とそれを担う「職員のこと」をふだんから見ておいてあげる。それに尽きる。上司の早めの気づきがあれば「部下が抱え込み、しんどがっている仕事を引揚げてあげる」こともできたはずだ。事態を深刻化させず解決の糸口をサポートしてあげられた可能性も十分あったといえる。

人はひとりぼっちになり孤立感を感じた時にこそ一番心が折れ、がんばることを諦めてしまう。家庭内での介護や子育ての場合と同じだ。職場で職員を「孤立」させてはならない。管理職は常に「職場」と「職員」の少しの変化に気づく意識を持とう。

3 仕事は「組織」で、しよう

組織のサイズが府県庁に比べて小さい、市役所・役場ではとりわけ、職階に関わらず組織としてでなく、個人がその仕事をこなしてしまうケースがある。私が長く勤めた大阪府庁でも少人数の課ほど「人手」が足らず、皆、目が回るほど忙しい。結果、個々人が上司への報告や指示を仰ぐいとまがなくこれをスルーして勝手に仕事を進めてしまうことがある。こうしたことが横行すると上司たる課長は「今何が問題で、どこをどうテコ入れしないといけないか」が判断できない。民間企業、役所を問わず、組織としてのマネジメントやジャッジ、ひいては部下へのサポートが的確に行えなくなるのだ。孤立感が出ている担当者の支援もできない。業務上大きな判断ミスを犯してしまう危険性すら発生する。組織にとって「方針の認識共有」と「情報の共有」はとても大切だ。私がのちに勤めた市役所も少人数の課が多く、その中で個々人が皆懸命に仕事していた。ただしばしばこんなこともあった。気になった仕事の進捗状況やクレーム処理のフォローを確認したくて所属へ内線電話した。「担当がいないので分かりません」という回答が電話口から飛び出す。「では担当者なり、課長は今、どこ？」と尋ねた。するとそれも「分かりません」。私は市役所内部の人間だから、まだしも我慢して他の手段で確認するようにしていた。が、これが外部の市民や企業からの問合せならとてもベストアンサーとは言えない。

勤務時間中忙しくて皆がそろわぬ部署もあるだろう。だが市民のためだ。たとえ時間外となっても二十分、三十分程度のミーティングはして欲しい。所属長のリーダシップと市民や府民ファーストの職員意識があれば実行可能なはずだ。CCをかけてメールで情報共有するのも一つの手段だが、フェイストゥフェイスなら職員の「顔色」もわかる。日々、十分言葉を交わせない職員の健康状態も目視できる。ハラスメントなど「おかしな空気」が職場にないかも嗅ぐわうこともできる。些細なことだが、少しだけでも時間を割いて週の初めや週のおわりに課内業務や皆の動静を情報共有する会議をして欲しいものだ。それだけで課内の風通しもずいぶんよくなる。そうすれば、組織目標の認識共有や課題解決へのアプローチ含めた認識共有の機運がおのずとチーム内に醸成されるはずだ。是非、どんな組織、職場でも実践して欲しい。

4 言いたいことは言わせてもらおう　部下に「姿」をみせる

私は係員の時代から仕事の上では随分上司に言いたいことを言わせてもらった。自分なりにやるべしと思った業務やそのやり方について意見を述べ、かなりの部分は思うとおりにさせてもらってきた。今思えば恵まれていた。私が役人として生きてきた時代がそうだったのかもしれないし、多くの年月を過ごした大阪府庁がそうした組織風土だったからかもしれない。ひるがえって今、世の中を見渡すと民間企業でも時に「上」の言うことだけを聞き、「ムッ?」と思っても「物言えば唇寒し」でじっと黙っている社風の会社も少なくないように思う。役所の場合も自分が危ない橋を渡りたくない、余計な仕事をしたくない、いらぬことを言って嫌われたくない、疎ましがられたくないなどの思惑でトップの前で自分が思っていることや部を代表して意見すべきことを言わぬ中間管理職が増えてはいないかと感じる。自分の上司にそんな姿を見せられたら、部下である課長補佐や主任も〝やってられない〟。「変に意見して嫌われたり、自分だけに仕事や責任押し付けられたらかなわん」という意識になる。でも、そんな風に人から言われた仕事だけしていて、楽しさや、やりがいが生まれるだろうか。仕事にやりがい、生きがいを求めない世代が多数派となり、世相もそうなりつつはある。けれど「自分がやりたい! やるべし!」と思う仕事であってこそ仮に残業や休日出勤していても「楽しさ」や「やりがい」が実感できるものと私は思う。

我々役人も組織人として仕事をする。最後はトップの意思、政策判断に従って仕事を遂行する。これは当然だ。だがそのプロセスでは自由に「下」の者も意見が言える、聞いてもらえる、そんな組織風土を管理職には率先して作ってもらいたいものだ。府庁時代の最後の八年は橋下徹さん、松井一郎さんという稀代のリーダーシップをもつ二人の知事に割と近いポジションでお仕えした。自分の意志を強くお持ちの方だった。リーダーシップのあまり自説をお譲りにならないことも多かった。それでも幾つかの政策課題では私から意見具申したり提案もさせていただいた。そしてそのいくつかは私の想いどおり実行させてもらった。

例えば全国で唯一大阪府だけが未実施だった「森林環境税創設を検討したい！」というテーマは部長時代に知事にお願いした。市長会、町村長会から切実な要望が出ていた「国民健康保険財政基盤の府県一元化を国に求めたい！」というテーマは次長時代に当時の知事に申し出た。それぞれボトムアップにより部内で議論、意思統一して部の意見を申しあげた。結果、知事は実行を許可された。当初は二件とも知事は異なる意見をお持ちだった。森林環境税は府民一人年間五百円オーダーではあったが「増税」にあたる。府民に負担を強いることに知事は常に慎重だった。他方広島で激甚な土砂災害が発生した直後だった。「山が荒れています。手入れが行き届かずそれが近年の土砂災害の一因になっています。災害を防ぐ治山対策に回す財源が不足しています」この説明に知事は頷かれた。府民の安心安全はことのほか大切にされていた知事だった。「検討の開始は良いが実施の可否判断は最終報告書をまとめる前に必ず事前に報告、相談せよ」がご指示だった。当然だった。

国民健康保険財政の府県一元化は「ニヤイズベスト」論者の知事だったから府が関わることに最初は消極的なお考えだった。だが被保険者の母集団の規模が小さい市町村を中心に市長会、町村長会連名で「国への法改正要望を大阪府からも」と要望書が提出されていた。「保険の事業主体である市町村から『このままではもう持たない！』との悲痛な声が出ています」。その実情を懸命に説明した。結果、知事から「市町村からの声なら、わかりました。決裁します」とのご判断を頂けた。

いずれの場合も十分話を聞いてくださり最後は私たちの検討着手や要望実行を了解くださった。無論、聞き入れてもらえなかったテーマもある。その場合でも、自分達は何故そう考えたのかを、知事の目の前で説明できた。知事ご自身も何故NOなのか自身の言葉で語られた。最後はもちろん知事の方針に従うのだが、何故知事がそうお考えになりそうおっしゃったのか、その理由が理解できる場合も少なくなかった。部下たちに対しても納得感持って知事の方針に基づく事務執行をしてもらえる効用もあった。

トップの「偉大さ」に「怯える」あまり、言うべきことを逡巡してはならない。納得すれば部下は動いてくれるのだ。あるいはトップの前でおもねるあまり部内での議論と違うことを突然言い出す、そんな上司、中間管理職になってはいけない。優れたトップほど何より「自分に率直に意見してくれる部下」をこそ求めておられると信じている。

5 しない、させない、セルフジャッジ

四苦八苦している部下の様子を上司は常に把握しそれをサポートしていく姿勢を持たないといけない。世の中には「任せた」という美名の下、何のマネジメントもせず、残業する部下を尻目にそそくさと真っ先に退庁する上司、管理職もいる。こんな姿を見せられると、部下はもはや上司に報告、相談する意識、姿勢、気力を失う。結果、仕事をしなくな

るか、セルフジャッジで事を進める。そうした場合の個人的判断と行動は往々にして投げやりで稚拙になりがちだ。仕事は「失敗」し「傷口」をさらに広げるケースも多い。やがて問題が重大化して部長や副市長、副知事のところに話が上がってくる。その頃には容易にその後始末、「燎原の火」は消せない。トップや部長に報告もせずに、間にあわてて課内で根拠も確かめず誤った判断をしたりその場を取り繕う、それを糊塗しようと放置したりしてかえって問題をこじらせてしまうことさえ起きる。職場でそんなモラルハザードを引き起こす原因は往々にして中間管理職の「無責任マネジメント」だ。

また、「悪い知らせ」の時も注意したい。誰しも悪い話や知らせは聞きたくない。難儀な案件にも関わりたくない。けれど管理職がそうした態度を露骨にとると情報は届かなくなり事態はさらにひどくなる。第一線指揮官たる課長や部長は、部下が難儀している時は「火中の栗」を拾ってあげなければならない。そして組織として判断し、「ダメージコントロール」のために再度、部下を戦線へ送り出すジャッジと支援をしてあげなければならない。

かつて「あさま山荘事件、人質奪還」などを指揮し国政における危機管理のエキスパートとして、内閣安全保障室長などを務められた警察官僚、故佐々淳行氏の著作はずいぶん読んだ。氏も同様のことを指摘しておられた。「わが意を得たり」だった。万が一にも見て見ぬふりをするならば部下にひどいモラルハザードが生じる。組織はより大きなダメージを受ける。そうなると市民、府民のために日々まじめに一生懸命、頑張っているはずの役所組織全体がその一例をもって「十羽一からげ」に「否定」「非難」され、信用が地に墜ちる。中間管理職者の「矜持」として決してそんな組織にしてはいけない。

ひとあじ味違う仕事のさせ方

6 言い訳に知恵を割かない　与条件下で最適解を求める癖をつけよう

平成の時代に長く仕事をした。バブル崩壊後は財政再建、負の遺産処理のため様々な改革・改善を強いられた。バブル期のように潤沢な予算はない、人も減らされた、けれど新たに湧き出る府民ニーズに対応して新規施策や現行の施策、業務の充実強化を図らねばならない。そんな場面にしばしば直面した。多くの仲間、部下たちは自分たちの給料カットも我慢して知恵を出して府民のためにやるべき事業を一緒によく頑張ってくれた。これは「府庁職員の誇るべきプロ意識と矜持」であったと今も「誇り」に思っている。だが一方でごく一部には「そんなこと、武器、弾薬、兵糧もなしに、できっこないよ！」と内心思いつつも物言えば唇寒しで面従腹背を決め込む職員もいた。またごく一部の職員は「人もいないのにできません！」「予算も付けてもらえないのでできません！」と開き直った。

心底からの信念ならまだわかる。だがそのいくつかのケースは仕事を「やらない、やりたくないための理屈、口上」としての発言だったケースもあった。

「お金が無尽蔵にあれば、また、とり組んでくれる人が沢山いれば」誰も苦労などしない。そんな理想の世の中なんてない。企業活動だってそうだ。資源、財の希少性が「経済学」という学問を誕生させた。まして行政の活動の源泉は税金だ。市民、府民が必ずしも楽でない生活の中で「しぶしぶ」納めていただいているのだ。増税を市民、府民に「問う」勇気がないなら、頂戴した税金の範囲で市民、府民サービスをどう最大化できるかを必死で考える。それこそが低成長、人口減少、超高齢時代の「令和に生きる」我々公務員の「哲学」であり「義務」だ。このことに専門職か一般行政職かの違いはない。

ある時期、府立高校に着任した民間人校長が私におっしゃられた。「できない理由を外部に求めたら、もうその組織はおしまい」と。目から鱗だった。市民や府民の実情を目の当たりにして四の五の言っても仕方ない。財源はそうそうない。与えられた条件下でベストを尽くす。うだうだ言う前に「動こう、取り組もう、知恵を出そう」が大切だ。

そしてもう一つ。常に今を疑おう。今のままの仕事の仕方でよいのか、この施策、このままで事業効果は最大か、もっと上手い財源の活用方法はないか。管理職が率先してこの「今を疑う」マインドを職場に強く浸透させてもらいたい。「過去にやってきたこと」「過去にやってきたやり方」でこれからも「やっていける」、そんな時代はとうに終わっている。

7 ロードマップは「逆算」の論理、発想で

最近は計画行政やＰＤＣＡという言葉、概念が役所でもすっかり定着した。その延長で事務事業の実施や政策立案、懸案課題の処理について「工程表」、ロードマップが作成されている。「工程表」に基づきこれから進むべき方向と時間管理についてトップと所管部局職員とが共通認識を図る試みだ。だが、残念ながら役所では「生きたロードマップ」になっていることがまだまだ少ない。その一つの大きな原因は工程の組み立てが「出発点」からスタートしているからだ。役所の会計年度は四月からの一年間。だから大抵の工程表は四月に始まり翌年三月、その年度の最後で終わる。それはそれでよいのだが、肝心の、どの

時期に何をする、あるいは何をしておかなければならないかを四月から順番に「前から」書いていこうとする。で、なんとなく三月末には仕上がる絵になっている。それで「出来上がったつもり」になっている工程表がざらだ。こちらがそのロードマップを見て、「じゃあ、そのあとの次年度の予算や事業にどうつないでいくの？」と尋ねるときょとん顔。これでは工程表とは言えない。来年度の予算につなげていこうとするなら予算編成が本格化する十二月には「最終の絵、ゴール」ができていなければならない。三月末に完成していては遅いのだ。まずはゴールを決める、その最終形の姿と終期を規定する。そこから逆算して、次の一手へと組み立てていく発想が不可決だ。もしその「姿」と「終期」を迷っているのなら、その点をこそ管理職はトップにまず問うなり了解を得るなりすることが不可欠だ。単年度で終わる作業ならともかく調査報告や審議会答申もそうだ。アウトプット自体が目的ではない。次の一手のための「準備行為」だ。また、懸案処理の場合は最終解決のための予算や関連議案を議会に諮る必要がある。諮るべき議会に間に合うよう、その時期までに議決を頂くための拠りどころ、すなわちエビデンスあるデータや根拠を整理しておかねばならない。年度末に「ぶつ」を「仕上げていた」のでは間に合わないのだ。次年度に発展、展開させていく事業も同様だ。通常、次年度当初予算案の編成は十二月。遅くても一月半ばにはふたを閉める。そこまでに次の事業展開に必要な調査結果や答申、あるいはその年度の事業実績の用意が必要だ。これがないと酷い時には「雲をつかむような話」で予算化の議論をしたり、あてずっぽうで予算額を査定したりすることになる。税金の無駄使いのもとだ。余りにアバウトな要求はさすがに財政当局も予算措置しない。するとやるべきサービス、事業の予算化が最悪一年先になる。とても市民、府民本位の仕事の仕方とは言えない。

また事業を執行する場合、相手方の理解や調整が整わず準備作業が遅延したり、思うように進まぬことがある。その場合、工程表のスケジュールをどう変更するか、あるいはどう作戦変更、場合によっては方針変更するかその「アロウアンス」が「工程表」には織り込まれていなければならない。市役所に来てから、庁内議論の際に気になってそんな質問を担当部局に行う。すると「沈黙」か「これで、やれるよう頑張ります!」の返答だ。「精神論」は「方法論」を伴ってこそ最強の武器となる。あるいはこんな場面にもしばしば遭遇した。「二月議会にかけなければなりません。なのでその前にパブリックコメントの終了が必要です。それには日程上、明日からのパブリックコメント実施が必要です。今日中に案の決裁いただけませんか?」。多くの言葉はいるまい。本末転倒だ。最悪のケースや他の選択肢、オプションも考えずに「もう、これしかありません!」で突入していこうとするのは「戦」で言えば最悪の展開。一つ歯車が狂うと全軍総崩れの典型パターンだ。

工程表、ロードマップは「逆算」の論理、ゴールから考える。四半期ごと、予算要求時期、節目の議会をどう織り込んでいくかよく考えてオーソライズしていく。係やグループ、課を取りまとめるリーダーはそういう発想で仕事をマネジメントし、部下を指示、指揮、育成することが大切だ。

8 「対応」を「対策、施策、政策」へ昇華させよう 「文字」で残す

大阪府のような府県、広域行政体に比べ市町村、基礎自治体の場合は現場へ出動することが日常茶飯事だ。道路が陥没している、公園にスズメバチの巣があり早く除去してくれ、

不法投棄を何とかせよなどだ。あるいは基礎自治体だから個人情報を多く取り扱う。個人や事業者に送付する書類を誤って違う方に郵送してしまい、急いでお詫びに出向き、差し換えさせてもらうなどのケースも少なくない。それはそれで誠実かつ速やかに対応することが肝心だ。だが時に、その対応が済むとそれで事足れり、「ああ、やれやれ」とか「ごっつう怒られたけど何とか納得してくれはった」で済ませてしまうことがある。担当者だけでなくその上司、管理職でさえ、ままそうである。これはダメだ。何故、そうした事象が生じたのか、何故、そんなミス・失敗が発生したのか、必ず原因を突き止める。そこで明らかとなった「失敗」情報とそれを防ぐ方策についての認識を共有する。そのためのミーティングは must だ。その上で「その検証結果」を部局長や、ケースによってはトップにまで報告する。これで初めて「事案の処理」が完結だ。これを繰り返すことで次からはミスをしないようになる。また事象の背景には役所として制度や仕事の仕組み、システムとして対応・改善すべきニーズが潜んでいるかもしれない。もしそうだったならば、「失敗事象」を契機に新たな仕組への移行やこれまでの仕事の仕方を改善する、あるいは予算措置を講じる。すなわち、単なる「対応」を「対策」「施策」に引き上げる。そういう発想、着眼が不可欠だ。

大阪府で健康福祉部次長をしていた時だ。ある府立の病院で法令違反の廃棄物処理の事案があった。知事に報告した。知事は『現場を抱える以上、ミスはつきものだ。だがそのままで終わらせてはいけない。失敗・ミスには必ず原因がある、それを、何故そうなったのか、何故そういう処理をしてしまったのか、徹底的にカードをひっくり返すようにして順を追って解明しなさい。そうすれば必ずどこがまずかったのか、何を改善しなければならないのかが明らかになるはずです。次から同じミスを繰り返さないためには、この作業を怠ってはいけません』。そう教えていただいた。なるほどと思った。

もう少し言葉を足そう。現場出動したあとは「なんとかなりました、解決しました」の口頭報告だけで終わらせない。きちんと事案発生時からの記録を残そう。第一報がどこから入り、誰が、どういう判断で、どういう形で出動し、どう処理をして問題を解決したか。その経緯、顛末と判断根拠を文書でしたため、残しておくことがとても大切だ。これが「質の高い行政」に向けた最低限のベースラインとなる。この作業を基礎にして、次から同じミスを繰り返さないようにどうするか、そのための事務改善なり、予算を措置して対策、施策にどうつなげるのかを組織的にジャッジしていく。私が勤めた市役所も職員は皆、市民のためにと本当によく頑張っていた。が、そうした「頑張りの行政」が市民や世の中に正確に知ってもらい正しく評価されるためには「オンペーパー」化がとても大事だ。

かつてのインカ帝国など古代アンデス文明は極めて高度な文明を有していたが近世にその遺跡が発見され考古学研究が進むまでその文明、文化的価値が評価されることはなかった。それと比較するのもどうかと思うが、行政もきちんと取り組んできた軌跡、足跡と何故その政策判断をしたのかの意思形成過程をしっかりと「紙」に書いて残しておく。これが行政に対する①市民からの理解の促進と、②ミスの再発防止、③そして透明性，公平性を持った「組織的な」行政の担保にとって不可欠だ。「議論、検証する」→「記録に残す」ことが肝心だ。少しばかり作業は増加する。だが担当者も、何より上司たる管理職はそれをためらってはいけない。ほんの少しの努力と心がけで日々の業務のクオリティと頑張ってくれている職員への市民の評価と信頼は格段に向上するはずである。

9 「法律」だけ守ってればいい？ 役所の「ひとりよがり」はＮＧに

我々は地方公務員、地方自治体職員だ。「目の前の」地域や現場、市民、府民の状況をふまえて何をすべきかを考え施策を立案・実行し、住民サービスを提供する。ところが時々、その原点を忘れて判断や対応を済ませてしまう職員が上司、部下を問わず現れる。

そうした職員の「言いぐさ」は決まってこうだ。「法律、条例ではこうなっている」、「規則や通達通りにやっている、だから我々は間違っていない」と。しかしそれは国や府・県から「そういう風にしなさい」と言われているからそうしているだけではないだろうか。我々行政には「法律による行政の原理」という守るべき大原則がある。行政法を少しかじったことがある方なら耳にしたことがある言葉だろう。

かつて中世から近世にかけて王様が好き放題しないようその行動を制約、統制するために市民が立ち上がり議会が生まれた。市民が立ち上がり、作った「法」で王様の専制に縛りをかけた。これが近代の「法」のルーツだ。だから法律や条例通りに行政を執行するのは、トップが個人の好みで国家権力や行政を恣意的に扱う弊害を防ぐという意味ではすごく正しい。

だが大事なことは「それで事足れり」と思い込んではいないかということだ。大阪府時代、色んな事件・事故などのマスコミ対応を指揮した。そんなとき、専門職の職員に多いのだが「国からの通達ではこうなっています。我々はその通り執行しただけで問題ありません！」「基準値はオーバーしていません。だから問題ありません！」というような報告やそうしたスタンスでの報道機関への提供資料を作成してくることがしばしばあった。へたすればそのままのスタンス、口上で記者会見にまで臨んでしまう勢いだ。そのたびに私はこう説いた。

マスコミ、特に社会部の記者さんは「それが社会問題であるのかどうか」の視点で取材なさり、報道をされる。「問題」であるかどうかは記者さんが判断されるのだ。行政の「自己弁護、正当化」と受け取られるような説明やリリースペーパーを、ましてや専門用語や細かな数字を羅列してくどくど書いても仕方がない。大事なことは事実を包み隠さず、そして、何故、府がそういう判断をしたのか、何を拠り所にしての判断なのか、根拠にした規定はなにか、仮にその規定が今の社会経済情勢にフィットしていなくとも制定当時は何故そのような規定なり基準を定められていたのか。専門用語で言う「立法事実」を含めてエビデンスを携えた説明をする。そして、その説明も「素人」に理解してもらえる表現とシンプルなロジックで対応すべしと毎回説いた。自らもペンを入れ「模範解答」文も示した。

役所あっての市民、府民ではない。市民、府民あっての「役所」だ。確かに現行法令内ではその業務を執行する自治体がいかに裁量を働かせても解決できない事案もある。「事情は分かるけどそれはダメ、無理」とした行政の判断が社会的にはマスコミ含めて極めて「不評」となる場合も往々にある。夕方のテレビのワイドショー、情報番組などではしばしばそうした切り口で取り上げられる。行政の態度（スタンス）が法令的に間違っておらず妥当な判断なり行政処分でも、そう扱われてしまうのだ。でも、それでことを終わらせ、「開き直って」はいけない。市民、府民本位、言い換えればユーザー目線で、今の法令、通知通達のどの「たたずまい」がまずいのか、不備なのか、問題解決のためには、国に対してどの部分の法令改正や通達の変更を訴えていかなければならないのか。そのことも含めて記者に訴え、「同感してもらう」ことが大切なのだ。わずか二年とは言え霞が関で仕事をした。その経験から申すと国は現場を知らないことのほうが多い。あるいはひどい時には都合が悪いときに「見て見ぬふりをする」ことさえある。自治体が声を挙げても直ちに国が変わるものではない。だが声を上げなければ何も変わらない。そんなことを意識してこれからの地方自治体職員は仕事をしていくべきだ。そして、管理職は部下、とりわけ問題意識が旺盛な若手職員にはそのことを気付かせてあげたい。国から言われたことをその通りやるだけなら「自治体」職員なんていらない。やがて人工知能AIにとって代わられるだけだ。

10 常に『今』を疑おう　組織の壁は常に後追い

役所の仕事や職員意識についてマスコミなどからもよく指摘、批判される表現に「縄張り意識」というものがある。ネガティブな形で表れるのが「それはうちの仕事やない！」という意識だ。府庁時代も私が係長時代の頃、四十年位前にはよく散見された。むつかしい課題や、法律で所管が決まっていない新規課題にどう対応するか。そんな類の議会質問もしばしば出る。部局間でよく押し付け合いが始まった。「○○部に押し付けてきたった！」と自慢げに帰ってくる先輩職員もかつては結構おられた。武勇伝みたいに扱われていた。昭和の時代の役所ならではの光景だった。私が大阪府を退職する直前、平成の最後の頃はすでに全庁が府民本位、改革モードの府政であった。そんな場面はほぼ姿を消した。他方、国は典型的な省庁縦割りなので、仕事で接していると当然のごとく「うちじゃない」と平然とおっしゃる場面がなお多かったように感じられた。市役所で働くようになってからも時にこうした発言や行動が見られた。だが、懸命に生き、暮らしている市民を目の当たりにする基礎自治体でこの発想は最悪のNGだ。

かつて私が大阪府で仕えた局長からは「『課』や『係』なんて、組織が仕事する上で便宜上設けてあるだけ。それが邪魔になるなら、取っ払え」と教えられた。私が勤めた市役所では数年前、係長制を廃止した。代わりに課内に職員をまとめ、また課題に柔軟に対応できる職制として「主任」の職を配置した。タスク（仕事）に応じて柔軟にメンバーを変更してチームを組む。これもそうした弊害解消が目的の一つだった。府庁でも昔よくあった。同じ課内のお隣の係長同士ですら「俺の係の仕事やない、おまえんとこや」。究極の「コップの中の嵐」。府民、市民からすれば、どっちでもいいから解決して！の話だ。

我々行政の前には取り組むべき新たな社会問題が次々と現れる。それらに取り組み、あるいは規制するための法律や条例などは常に後から追っかけるように作られる。

　他方で現場に近い地方自治体は必要に駆られてまず動き出すことがほとんどだ。かつての公害規制しかり、少し前に話題になった「食ロス」対応などもそうかもしれない。社会の変化や社会事象は「既成の枠組みや組織では間尺に合わない」ことが往々だ。誤解を恐れずにコメントすれば「それが行政」なのだ。それはそれで仕方ない一面がある。「根拠」もないのに思い付きで行政が動き出したら、それもまた「危なっかしい」話になる。だが「法に定めがない、うちやという根拠がない」、そんな口上を「やらない、取り組まない」理由、口実にしようとする職員や組織はＮＧだ。どうすれば「やれるか、その問題が解決できるか、どんなところと力を合わせれば実現が可能なのか」にこそ知恵とエネルギーを注ぎ込みたい。「法」の壁とはそういうことだ。改めて申すとすべての法律、条例、要綱、通達がそうなのだ。それを作った時は確かに「善」であり「正義」だった。守るべき「公益」があったろう。だが社会経済情勢の変化で時代に合わない、また、時代に合わないくらいならまだしも、それがあることでかえって問題解決の弊害になっている秩序、ルールもあまたある。既成の「ルール」がすべて正しいと思い込んではならない。ましてやそれを強弁する職員であってはならない。「ルール」は時代に合わせて作るものなのだ。

金科玉条のごとく崇めるようなものではない。地域と住民をベースにした「総合行政」を責務とする基礎自治体職員は特にそうした発想をこそ持つようにしよう。

11 努力する姿勢をまず尊重　鉄は熱いうちに打とう

新しい仕事や困難度の高い仕事を部下に委ねることがある。そんなときに部下が「やったことがないので自信ありません、やれません」の類の言葉を発することがある。「自信ありません」は分かるが「なので、やりません、やれません」は市民、府民の税金で給料を頂いている自治体職員としてはご法度だ。府や市で稀にそうした態度を見せる職員には私は常に「まず努力してみなよ。結果上手くいかなかったら、僕がフォローする、あるいはその責任を取るのが我々上司だ。そのために普段から君らより高い給料を頂いているのだから。もし上手く行かなくてもそれは君の責任ではない。その仕事を君に命じた上司の責任だ。とにかく努力して、やってみてよ」と唱えた。言われた職員がどれくらい腑に落ちたかまではわからない。だが少なくとも何割かの職員は幾分気を楽にして難題に取り組んでくれた。もとよりそうした職員への支えは常に心掛けたつもりだ。

「馬を水辺まで連れていくことはできるが無理やり水を飲ませることはできない」との格言がある。部下の育成も同じだ。頑張ろうという気持ちのある職員はいくらでもフォローしその力を引き上げてあげられる。

他方、さっぱりやる気のない人間はその力や意識、ましてや成果を生み出すようアシストすることはとことん難しい。そういう職員には、本意ではないが「むち」＝ディスインセンティブしか手段がないのかもしれない。ただ、ここで言いたいことは、決してそうならないようにすることだ。それには、部下、職員には小さなことからも成功体験を積み重ねてもらおう。そして自らの達成感を醸成してもらおう。そのために上司はきめ細かくフォローして孤立感・疎外感を生ませない。また、決して根腐れさせないよう若い頃から様々な機会を提供しその情熱、やる気を維持・継続そして、増大させよう。「部下は褒めて伸ばせ」と「鉄は熱いうちに打て」。これが最も大切だ。

人を育てることは、ある種自分で成果を挙げるよりむつかしい「仕事」だ。山本五十六元帥の有名な言葉に「やってみせ、言って聞かせて、させてみせ、ほめてやらねば、人は動かじ」がある。実はそのあとに「話し合い、耳を傾け、承認し、任せてやらねば、人は育たず」、「やっている、姿を感謝で見守って、信頼せねば、人は実らず」という句が続く。上意下達の軍隊組織でさえこうなのだ。かくいう私も第一フレーズ、第三フレーズはともかく第二の格言「任せてやらねば人は育たず」は生来の「いらち」の性分も手伝い在任中、中々実践できなかった。人を育てることは本当に難しい。だが、令和の時代はどんな組織も少数精鋭。持続可能な組織づくりのためには部下、特に、若手職員に対して管理職はこのような取り組みをこそ緩めてはならない。

12 仕事も料理も同じ。「ひと手間」惜しむな！

教育委員会時代にお仕えした教育長を始め府庁時代、何人かの上司から説かれた言葉がある。巷でもよく言われる。「小さい仕事をやり遂げられない人間に大きな仕事は任せられない」。

話は変わるが私は府庁時代、二度にわたり単身赴任した。一度は課長補佐時代の厚生省出向だ。家族を大阪に残し東京で一人暮らしをした。もう一度は大阪府の最後の任務の危機管理監時代。令和六年の元旦には能登半島で大地震が発生し、甚大な被害が発生したが、平成最後の当時から大阪・関西では南海トラフ巨大地震がいつ起こってもおかしくないと言われていた。そんな大災害発生時に緊急参集し知事の判断支援を行うため府庁新別館にある防災センターから歩いて数分のところの待機宿舎に二年間、週末・休日を含め一人暮らしをしていた。

なので料理はそれなりに自分で作れるようになっていた。やってみると分かるが食材、調味料を揃え、手間暇かけると素人ながらそれなりに旨い料理ができあがる。その経験を含めて言うと仕事も料理もその本質はまったく同じだ。すなわち「いい仕事、旨い料理にしようとするなら、ひと手間惜しむな！」が肝だ。料理も今はパッパッと作れるレトルトや冷凍食品なども多くなった。それでも出汁一つとっても昆布や鰹節を使い、丁寧に灰汁を取り、裏ごしするのとさっと化学調味料をふりかけて味を調えるのとでは、味わい、コクは雲泥の差だ。

仕事も同じだ。なんとなく仕上げているようでも「上」に対するレクチャー資料ひとつみても人によってその丁寧さ、精度はピンキリだ。府庁時代、海外のエアラインに関西国際空港に新規就航してもらうためエアポートプロモーションでしばしば出張した。相手国のエアラインや地方政府を訪問する。その際「ここまで揃えてくれなくとも」と思うような資料の作りぶりをしてくれた職員がいた。交渉相手のエアラインの概要はもちろん、その国の経済、政治、民族、言語、宗教、文化風土まで整理した資料を持たせてくれた。無論そうしたタイプの職員は事前の関係部署や相手方との調整も本当に丁寧かつ完璧に済ませてくれている。そうなると、こちらも安心してそのプランに沿ってプレゼンテーションや交渉もできるし、いざ本番のプレゼンは自分が結果を出さねばと身が引き締まる。何よりそうした仕事ぶりの職員が行う報告・判断、あるいは提案には、次からも安心してその「みこし」に乗っかれる。そんな気持ちになるものだ。

他方、資料がない、説明も報告も「口だけ」で済まそうとする、口頭なので一回目と二回目の報告で言うことが違う、言われてから慌てて出てきた資料も雑駁、などでは、到底、信頼して仕事を任せる、あるいは一緒に頑張ろうという気になれない。こんなことでは市民、府民はもちろん、その事業の関係者、相手方に対しても失礼だ。とても質の高い仕事とはいえないし、大きな判断ミスを犯す危険性さえある。民間ならそんな対応では次から

「お客様からの注文」は到底頂けない。

このことは完了報告の時も同様だ。人間、よくしたもので「ことを決行する前」は慎重になる。また上司に「保険もかけておきたい」という思いも手伝う。こまめに相談や指示を受けに来る。それはそれで「セルフジャッジで事を進めて失敗する」よりもはるかに素晴らしいことだ。だが、そうした「まめな」職員、部下でもかなりの場合、事業の完了報告は怠る。頑張ってくれている職員に「うじうじ言う」のも本意ではないから、私はほとんどの場合、「便りがないのは元気な印」と割り切って、上手く事が運んだのだろうと思うようにしていた。が、責任感ある上司こそ、ほとんどの場合、自分が下した判断の結果が「首尾よくいったかどうか」は結構気にかけているものだ。

事後の完了報告は「できる」職員の証だ。「上」からも、先方からも特に何も言われなかったから「これ位でいいや」と思うことなく、面倒くさいけど「やっとけばよかったかな?」と後から思う位なら、やりきっておく。それが大事だ。事前準備と事後報告、仕事も料理も全く一緒。「ひと手間惜しむな」が肝心だ。そういう仕事の仕方、させ方、してもらい方を管理職は部下に気付かせてあげ、習慣づけよう。

13 誰が言っているかではない　何を語っているかを大切に

府庁時代も時にそういう場面に遭遇したが市役所に来てから特に気になった経験がある。突如としてあるミッションに課長なりが奔走しているのだ。あれっ?と思い「なんでそんなことしてんの?」と聞く。帰ってくる言葉が「市長がおっしゃってます」まれに「○○議員がおっしゃってます」のこともある。またある時、答弁の修正を教育委員会の指導主事に求めた。こちらも教育委員会の独立性、政治的中立性は百も承知だ。教育内容に関わるような教育長答弁には、「てにをは」はともかく滅多なことで手を入れない。だが教育施策とて予算を付けるのは市長(部局)だ。予算編成を前に教育委員会が市長部局と意思疎通せずに行うフライング答弁はNGだ。答弁調整会議後、やはり気になって若干の修正を求めた。するとくだんの指導主事は「それは市長がおっしゃってるんですか」と反問した。いらっとした。

誰が言ってるかは二の次だ。指摘された内容が妥当かどうかで判断すべきなのだ。大阪府のような大きな組織ではトップの指示がいきなり課長補佐や係長クラスに「おりてくる」

ことはまずない。だが部長クラスに対してなら日常茶飯だ。私がそのようなミッションを頂いた時は「何故知事がそんなことをおっしゃったのか、また何を目指されてのその指示なのか」を少し立ち止まり考え、自分なりに解きほぐして部下に任務遂行してもらうよう努めた。また部局長段階でもそれが部長自身の発案か、トップからの指示かよくわからない形で、課長や補佐を通じて担当者らにミッションがおりてくることがある。そうした時にその指示をよく咀嚼しないまま実行に移そうとする職員が最近は多くなってきたのではと感じることもある。とりわけ市役所のようにさらに小さい組織でこれが横行するとよくない。さすがにコンプライアンスに反する指示などはないが、昨日、確認した方針と全く異なる方針が何の前触れもなく「降りてきた」り、「それは一旦辞めとこう」と組織でジャッジした案を突然、復活させる指示、あるいは急遽、天から降ってきたようなミッションなど。戦場ならそうした指令は兵と軍を混乱させる。根拠なき朝令暮改は負け戦の典型だ。組織的ジャッジからはずれた判断が「役所」の意思形成に取って代わり動き出す事態を生み出しかねない。部下の命を預かり一瞬の判断の遅れが命取りになる軍制組織ならまだしも我々は良くも悪くも平和な時代の民主的議論が許される行政組織で仕事をしている。「誰が言ったか」だけで自ら考えることを立ち止まらせない。例えトップからそういうミッションを下されても「トップは何故、そういう指示を発せられたのか」「その背景、その判断をなされた理由は何なのか」、それをよく考え、理解と納得をした上で行動に移す。もし「その方針が、どうも上手い方法と思えない」ときは、それに代わる代替案を添えて、もう一度トップの真意を確認する、これこそが中間管理職として部下を守りその士気を挙げるべきリーダーとして不可欠な行動でありプロセスだ。

いわく誰が言ってるかでなく、何を語り、求められているのか。それをひとまず自分の頭で思索する。そのプロセスなしに鉄砲玉のように飛び出していく、或いは言われたままをそのまま部下に押し付けミッションコンプリートを迫る。行政組織がそんな思考停止の集団になっては部下も育たず、政策の方向性はかえって迷走する。これでは「自治」行政などとてもおぼつかない。管理職は強く心得よう。

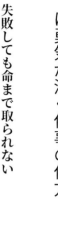

部下に勇気が湧く仕事の仕方

14 失敗しても命まで取られない

大きな仕事、困難な仕事を与えられたときに、できるかどうかの不安でひたすら「逃げたり」、取り組む前からメンタルダウンしてしまう、あるいはそこへ逃げ込もうとする習性の職員がいることにはすでに触れた。大阪府時代から、私はこうした、とかく「逃げたがる」職員や取り組みもせず「失敗した時の言い訳だけを先に述べる」職員には「とにかくやってみなさい」ということを口を酸っぱくして説いた。今の役所の仕事は一昔前とは異なりきわめて多様性に富む。型通りの仕事のほうがむしろ少ない。多くの仕事、課題解決には色んな新しい工夫が求められる。だが誤解を恐れずに表現すれば、もしその仕事がうまくいかなくても「直ちに市民や府民の命にかかわる仕事」などそう滅多にはない。仮に任された仕事をそのやり方で失敗しても次は違うやり方で成功させる、あるいは失敗したことを反省し改善しやり直せばよい。したがって失敗を恐れて取り組まない部下の姿勢を自他共に容認してはいけない。安易にそれを認めてしまうと「歯を食いしばって」頑張っているほかの職員のモチベーションが著しく下がるもとにもなる。上手くいかなければ上司のサポートを仰いででも成功につなげる、上司はそんな姿勢で部下が仕事に取り組むよう勇気づけるべきだ。無論部下にそれを求める以上、上司たる自分も「覚悟」が必要だ。私は「もし失敗しても、それはあなた（担当）の責任ではない。一生懸命取り組んだのにうまくいかないときの責任はその仕事を命じた上司、課長や部長がかぶればいい。そのために皆さんより多くの給料を上司はもらっているのだから」と常に訴えた。これに幾分気を楽にして積極的に新しい仕事、困難な仕事に取り組んでくれた職員も少なくはなかったと感じている。

15 世の中の選択にゼロ―100はない　リスクを取る胆力を持とう

これは課長なり部長なりの管理職には是非心して頂きたい言葉だ。役所の仕事でも、右へ行くか左へ行くかの判断を迫られることがしばしばだ。懸案事項の処理しかり予算査定しかりだ。質は異なるが災害が迫った時の応急災害対応の判断の場合もそうだ。どちらの選択肢をとるか。世の中のあらゆる選択の場合がそうだが、そっちに行けばうまくいくと思えば誰だってそっちを選択する。だが判断に必要な情報は常に限られている。刻刻、情報、情勢は変化し錯綜する。すべての「完全な情報」が整うまで待っていたのでは手遅れだ。いつまでたっても判断、行動はできない。また「しない」口実ともなる。一昔前の役所の典型的な悪い行動パターンだ。私自身、係長時代、山のように仕事や課題がありながらちっとも決断してくれない課長に仕え辟易した経験があった。その時は無論上司へ相談、報告をした上ではあったが私の判断で「独断専行」した。課長からは嫌われた。人事考課でも酷評された。だが今でも私の行動は間違っていなかったと思っている。

「重箱の隅をつつく」「石橋を叩いて渡る」という言葉がある。前後の見境なく突進する「猪突猛進」よりはましという考え方ともいえる。が、絶対ダメなのは、「重箱の隅をつつくだけつついてまた蓋をする」「石橋をせんど叩いて結局渡らない」これが最も処置なし

‼だ。これでは部下に「頑張ろう！積極的に新規策を提案しよう、今の業務を改革改善しよう！」というモチベーションが湧くことはない。在任中だけ責任回避し判断を先送りする「事なかれ」主義に徹し「あとは知らん」という態度は反市民、反府民的だ。担当係長や課長がその時に下した判断が万一間違っていても責任を取るのは上司である部長であり、それが、部長の判断なら副知事や副市長、ひいては首長が最終責任を取るのだ。そう割り切って管理職は「胆力」をこそ持つべしだ。それでこそ部下の士気は上がり頑張りぬいてくれる。その気概を持てない人間は本来管理職になるべきではない。

16 逃げない、ここぞという時にこそ、現場に出よう

管理職は「仕事と人のマネジメント」のためにそのポストを与えられている。そのためには業務や職場全体を常に掌握することが何より大事だ。現場を知ることは大切だが他方やたら出歩けばいいというものではない。現場が上手くいってるときは部下に任せておけ

ばいい。「いざ」というときこそが管理職の出番だ。仕事が上手く進んでいない、交渉・折衝がヤマにあがっている、失敗・ミスをしてしまい速やかなリカバリーが必要、あるいは強いクレームが来ている、そんな時こそ管理職が現場に出て事態を収拾したり相手と応対したりしなければならない。結果たとえ、ことが上手くいかなくても、事態が改善・解決できなくても、部下は「上司が出てくれた」ことを大いに評価し感謝する。「次は自分が頑張る」という気持ちになってくれるものだ。

ところが世の中には、上手くいくかどうか「やばそう」なときには距離を置き、あるいは「わしは知らん、君が決めたんやろ」とうそぶき、上手くいったら「私がやりました、発案しました」と、したり顔で上司や首長の前にしゃしゃり出てくる「ポンコツ管理職」がいる。噴飯ものである。ついでに申すと部下、担当者より先に現場にすっ飛んで行って嬉々として現場整理をする管理職もたまにいる。ところが、留守中の課業務全体のマネジメントはすっぽ抜け。これでは部下がついていかない。これからの自治体管理職の皆さんには間違ってもこうした上司にはならないで欲しいものだ。ここぞという時にこそ、現場に出よう。

17 「タイム　イズ　マネー」先送り、無責任な仕事はしない、させない

役人には民間企業のような「時間概念」はほぼない。府庁時代、企業誘致の仕事でずいぶん会社訪問をした。その時に新規投資の予定などについて意見交換をしているとしばしば「お金を寝かせていても仕方ないので…」というフレーズに出会った。最初はピンとこなかった。やがて頷けた。企業は自ら稼いだお金で次の投資、事業展開をして売上を伸ばし、結果、従業員の雇用を維持し、給料を払い、株主に配当する。現金、流動資産だけを嬉々として保有していても企業は成長しないのである。ましてや儲からない、失敗した事業資産をいつまでも放置しておくことは「利益を生まないだけでなく、コストもかかる。見えざる資金の無駄、費用の発生」だ。だからステークホルダーから少々お叱りを受けても早期に処分しようとする。その場合企業は一旦決断したら「損切」も辞さない。特別損失を計上してでも残る価値を現金化するなりして次の成長戦略資源に活用する。

ところが役所の場合は黙っていても毎年度税収が入ってくる。だから議会や市民、マスコミからお叱りいただくことを恐れて『もう、無理！』となるギリギリまで「そのままに

しておく」ことも多い。過去の様々な「投資」のうち、利用がさっぱりの大規模公共施設であったり、産業振興を目指してとはいえ多額の資金で用地取得、造成費用を費やしながらあえなく破綻した企業用地の分譲事業や第三セクター会社への出資、あるいは見通し甘く貸付けて帰ってこない不良債権などなどだ。役所と言えども多くの場合その資金調達には利子がかかっている。早めに処理したほうが支払利息分だけでも不要になる。だが「いよいよ辛抱たまらん」となるまで手を付けようとしない。減損処理や税の追加投入を極力嫌うためだ。首長が「行政の責任者」としてその処理に手を付けようとしても往々にしてマスコミから「税金の無駄使い」と指弾される。議会もその当時、予算化、事業化を了解した責任からその破綻処理に向き合って下さるケースも少なくはないが、逆にマスコミや市民、府民にあおられてハウリングするように行政を厳しく追及なさることも少なくない。そういう情勢が予見されると、よほどトップがぶれない限り、部下、職員も「叩かれるだけ叩かれて上手くいかないと自分だけ責任をとらされて割を食う」と自ら動こうとしない。結果、じっとしているだけで新たなコストが発生していく。結局は市民、府民から預かった税金のさらなる無駄遣いの事態を招くのだ。

また、こうした「大型案件」の処理だけでなく、こつこつとした事務事業の見直しの場合も「利用者がこんなに少ない、あるいは限られた対象者にしか効果が及んでいない事業や施設なら、一旦やめてしまい、違う形で税を使ったほうがよほど市民、府民のため」というケースもある。市場（マーケット）で取引される民間財の場合は価格というシグナルがあるから「買ってもらえたかどうか」でそのニーズの多寡は判断できる。ニーズがなくていつの間にか市場から消えている商品も少なくない。だが公共財の場合は利用が「無償」の事業、サービスが多い。そうすると極端な場合、一人でも利用があれば「ニーズあり」と錯覚され担当課の中からも「廃止抵抗」が生じる。それを乗り越えるのが面倒くさくて、つい先送り、楽をしようとする。バブル崩壊に続きリーマンショックを経て平成の時代後半は低成長と超高齢化で、どの自治体も行財政改革の断行が不可避の時代になった。かってに比べると「手つかず」のケースはさすがに少なくなってきた。が、「先送りは＝お金、税金の無駄使い」との意識は自治体職員にはまだ乏しい。府庁時代も市役所に来てからも私はよくこう語った。

「自分のお金やと思って考えてみ。ちょっとでも無駄にせんようにするにはどうしたらええか、必死で考えるやろ。人の金（税金）やからと思って気安う考えてへんか」と。上司は、事務事業を第一線で担当する部下に対して、部下は、上司に対して、互いに「しない、させない先送り」の精神を貫徹しなければならない。経済学で言う「機会費用」、この概念をこれからの令和の時代の公務員、職員は全員心すべきだ。

18 しんどい仕事を厭わぬ者こそ、きちんと評価してあげよう

部下を褒める、部下を労う、評価する、こうした人事評価の業務を行う上で府庁時代も市役所時代も私が常に心掛けていたのは、「正直者が馬鹿をみない」ということだった。すなわち懸案処理や「負の遺産処理」など、しんどいけれども、あるいは、いわゆる「日の当たらない」仕事だけれど黙々としっかりこなす、そんな職員をこそ正しく等しく評価する、をとても意識した。私も府庁在任中、前任者の時代に解決できない、あるいは「しなかった」事案処理をいくつか経験した。自分自身が直接携わったケースもあるし、部下、

課長補佐らが担当し、その解決の指揮や後方支援をした事案もあった。いずれも手間暇かかるし、議会やマスコミなどからは過去の不始末なのに今の担当者が結構厳しく「叩かれる」こともある。何とか最後にうまく解決できても、華々しい政策的成果ではないから議会やマスコミも褒めてくれることはほぼない。下手をすれば上司、トップにさえろくに関心を示してもらえないことすらある。そうなると誰も進んでそんな仕事を引き受けたくなくなる。仮に押し付けられても適当に「いなして」、自分の在任期間だけ何とかやり過ごそうという気にすらなる。これでは問題の先送りでありウェイストオブタイム、時間の浪費＝税金の無駄使いを助長するだけだ。誰かがやらねばならない仕事。それに誠実に取り組んだ人間も等しく処遇、評価される組織文化を大事に形成していきたい。それこそが部下を奮い立たせる。管理職、特に部局長はその意識を強く持って欲しい。

人が育つ仕事のさせ方

19 仕事に厳しく、ひとには優しく　神輿は一緒に担いであげよう

一昔、ふた昔前のように国や首長から言われたことだけを十年一日のごとくやっていれば済む役所の時代はとうに終焉した。超高齢社会、人口減少、低成長、東京一極集中のなかで自治体は限りある財源で住民に必要なサービスやまちづくりを進めることが不可避の時代だ。そのためには財政健全化や不断の行財政改革が必須だ。誰かが憎まれ役になってでも財政削減や職員定数の削減、外部委託や施設の改廃、事務事業見直し、職員・組織の規律保持などを常に強く指示、指導する必要がある。事業部局の管理職はそんな役回りを財政当局や人事当局にだけに任せ「財政や上から言われたので仕方なく…」と楽な立ち位置や口上に胡坐をかいて、自分だけ「よい子」になってはいけない。部長や課長自らが、事務事業の実務部隊の課員を鼓舞し既存事業の見直しや限られた財源をどう再配分して新規施策を打つか

を組織全体で考えていく。そんな職場風土を形成していくことがとても大切だ。

また、仕事をしていれば必ずミスが生じる。そのミスの内容や生じた経過を調べた上で「これはいかん!」と思うケースは、心を鬼にして部下を叱る、ケースによっては「処分」に付さねばならないこともある。普段は頑張ってくれている職員、仲間だ。好んで叱責、ましてや処分を執行したいわけではない。ただ、「これくらいなら」とか「マスコミでも大して問題にはならなかったし」などと「なあなあ」の身内の論理に安住していると本人のためにも組織のためにもならない。何より組織の規律、職員意識が緩むのだ。これでは市民に最大限奉仕する「凛」とした組織にならない。私も予算査定や事務事業見直し、あるいは職員の処分の場面など、こと仕事についてはその精度、スピード感、取り組み姿勢含め、ずいぶんと部下、特に課長ら管理職には厳しかった。予算査定の主幹(課長補佐)の時にはのちに聞いた話として「あいつだけは許せん!」のような逆恨みを買うこともあった。だが、頑張ろうとした職員や部局は必ずサポートしフォローもした。

これから管理職になる皆さんには、是非「仕事には厳しく、人にはやさしく」と振る舞って欲しい。特に市役所の場合は互いの距離感が近い。良くも悪くも互いに気心が知れている。あとあと嫌われたくはない。その分、「なあなあ」の組織体質、人間関係になりがちだ。また年齢や年次が上の先輩職員が部下のときは強く物が言いにくいケースもあったりする。私も府庁時代そういう上下関係になったことは一度や二度ではない。その時も「先輩」に対する敬意は失わずまたプライドを傷つけぬよう十分配慮の上で、でも上司としての指示は明確に行った。相手も「大人」だ。理と礼を尽くせば大抵はわかっていただける。

管理職は相手が誰であれ「心を鬼にして」言うべきことは言うを心掛けてもらいたい。もちろん上司がそうふるまう以上は、何故そうなのかについての定見が必要だ。「自分が勉強していない分、部下にも甘く」や「部下に嫌われたくないから、いやごとは言うまい」は管理職として絶対にご法度、最大のＮＧと心得よう。

20 積極的ミスは咎めない　マイナス情報は叱らない

ミスは誰にでも起きる。本人の故意や重過失でないのに、いちいちそれを個人の責任として追及されたら職員としてはたまったものではない。そんなことをすれば誰しもできるだけ、沢山の仕事や新しい仕事は引き受けたくない。したがって、積極的に取り組んだ仕事が上手くいかない、成果が出なかった場合でも誠実にその仕事に取り組んでいたならば決して部下を叱ってはいけない。私自身、大阪所在の大企業の新中央研究所の企業誘致活動に足かけ二年取り組んだ。上手く行かなかった。どこに研究所を造るかは相手企業が決めることだから成約に至らずとも仕方はないのだがその「失敗」を当時マスコミなどに酷く「叩かれ」た。「大阪府、またも企業誘致失敗！」の見出しはこたえた。だが当時の私の上司は無念の気持ちを押し殺しつつも決して我々を叱責なさらなかった。その姿に接し私は次の企業誘致、新規投資こそは何とかと懸命に頑張った。一年後、大阪本社の液晶パネル最新鋭工場の誘致を私から引き続いた後任のメンバー達が実現させた。「人は褒めて伸ばせ」という言葉がある。頑張った人間には決して鞭打ってはいけない。

一方、事件事故、ミスや失敗が発生した時の部下への対応も大切だ。府庁時代、特に健康福祉部時代は毎日のように府内で事件事故の事案が発生した。中には「こんなになるまで、何をしとってん！」と声を挙げたくなるトゥレートな報告も少なくなかった。が、そこはぐっと堪えた。親に叱られる子どもがそうだが、頭ごなしに叱られると次からミスを報告に来なくなる。叱られるのが嫌さにむしろ「隠そう」とする。モラルハザードを生じるのだ。職員も同じ。叱られて割を食うならと自分が在任の間は隠し通して異動しようとする。あるいは書類を改ざんしたりする。より酷い事象へと拡大する危険が生じる。

なので私は懸命にアンガーマネジメントした。そしてリカバリーの次の一手、議会対応やプレス対応を含めたダメージコントロールの方策を担当課の職員たちに寄り添い、一緒になって組み立てるようにした。人間だからイラつくことは否定できない。でも、大変ではあるが、悪い報告に来た時は、上司は部下のミスを絶対に頭ごなしに叱ってはいけない。他方で事案がひとまず片付いた後は同じミスを繰り返さないために、検証と改善は厳しく指導した。事態を収拾・解決するまでは決して叱ってはダメ、ましてや突き放してはなおさらダメ。これは絶対格言だと思っている。

21 人生、常に勉強だ　知的向上心・好奇心を持ち続けよう

府庁ではあまりなかったが市役所に来てからよく「異動してきたばかりで」とか、「まだ来て一年なので業務に詳しくなくて」という言葉が係長クラスは無論、課長クラスの管理職からも発せられることがあった。新入職員ならいざ知らず、あるいは税や国民健康保険などある程度、関連法令の専門知識を必要とする部署ならまだ分からなくもないが、さしたる複雑な法令や制度がない部署でのそうした発言はＮＧだ。私は府庁在職三十七年で三十八の職場を経験した。しかもそのうち同じ部署に戻ったのは皆無。かすった職場でも三か所程度。ほとんどが初めての部署だった。それゆえ異動の都度その分野について必ず一から勉強した。勉強は自分の担当業務の前年度までの書類やその職場の関連資料もさることながら、担当業務を取り巻く大枠の制度や国や他自治体の政策に関する本、あるいはその政策分野に関わる我が国や世界的潮流などをまず理解するよう努めた。門外漢がいきなり「森の中に入って」迷路をさまようのでなく全景を鳥瞰できる知識や情報にまず触れようとした。そして素人でもとっつきやすい本など選び自ら購入してよく読んだ。労働部時

代はいきなり来所される方の労働相談にも応じられるように労働法や判例百選などを随分読んだ。民間労組を訪問する際に役立つよう日本の労働運動の変遷に係る本などもだ。環境局時代は地球環境問題や日本の産業公害問題の変遷などの本を、財政課時代は交付税や地方財政制度に加え財政再建団体に転落した自治体ドキュメントなども。自身が行う予算査定や財務事務の下部構造や大枠、ストラクチャーが頭に入るような本を好んで読んだ。逆に前任者の予算査定資料は予断を持たないようむしろ目を通さなかった。

企業誘致担当時代は必死で業界事情やターゲティングしている企業の興亡史的な書物、雑誌を読みあさった。空港戦略室時代もしかりだ。世界の空港事情やエアラインやＬＣＣの動向、日本の空港政策に加え、どうすれば関空民営化が実現できるか財務構造改善のために管理会計や民事再生の本にまで手を付けた。するとどの行政分野でも何となく自分がやっている仕事の位置づけや向かうべき方向性が理解できるようになってくるものだ。こうしたことは最後に退任する危機管理監まで続けた。老眼で若い頃に比べ読書量は落ちていたが南海トラフ地震とは？その発生メカニズムは？などに加え、東日本大震災の教訓から学びうる本も好んで読み勉強した。

およそ地方公務員の仕事で「この仕事はさっぱりわからない」とか「あの人にしかできない」なんていう仕事は自分の経験から言えばほぼありえない。役所に入れるだけの頭脳と頑張って色々吸収しようとする努力、そのための意欲と姿勢さえあれば、その仕事への標準的な理解や職務遂行能力は誰でも必ず身に付く。ましてや自分の仕事や所属の所掌業務のアウトラインくらいは数か月もあればマスターできる。それが「できない」「できていない」というのは明らかに「勉強不足」か、それをする「やる気がない」かどちらかだ。

自分の経験も踏まえて言うと学校時代の勉強なんて本当に薄っぺらい。社会の変化とともに社会問題は変化する。法令や制度もめまぐるしく変わる。令和の時代の役人である以上、そして府民や市民の税金で給料を頂けている以上、変化に対応して、業務やサービスをミスなく実行できる知識や情報、そのための自己研鑽は常に必要だ。そのための努力はとてつもなくむずかしいことではない。「今までにとった杵柄だけで食っていきたい」、そんな時代はとっくに終わった、と理解しよう。吸収しようとする努力と姿勢があれば必ずや時代に必要な知識や手法、発想は体得できる。すべての職員にそう認識してもらえるよう、管理職にはまずそれを率先垂範していただきたいものだ。

22 成功体験を獲得させてあげよう　それこそが次への「自信と興味」をそそらせる

人間は誰でも自己肯定感をもてないと引っ込み思案になる。新しいこと、むつかしいことに取り組むことに後ろ向きの姿勢を示してしまいがちだ。学生時代の受験や試験勉強、社会人になっても入社試験やその後の仕事の出来栄えに上手く結果を出せなかった人はそうなりがちだ。それを単なる精神論や「鞭」、ノルマで強制しようとしても成功しないし、「息が続かない」。そんな場面に遭遇した時、私は府庁時代もその職員、部下がこなせるような、今の仕事より「少しだけハードルを上げた」仕事や課題解決をやってもらうようにした。最初は腰が引けがちだが多くの職員は取り組んでくれた。無論こちらもその職員が「つぶれてしまう」、すなわち、かえって自信喪失しないよう注意深くその進捗過程を見守る。結果、六〇点から七〇点取れる出来高を示してくれれば大成功だ。あざとすぎないレベルで大いに職員を誉め、労う。すると何割かの職員は必ず自信を身に付けるし、新しい仕事、課題への関心も示し、次も取り組もうとしてくれる。

組織はどこの会社、役所でもスーパーマン、スーパーウーマンだけで構成されているわけではない。「一を聞いて十を知り」動いてくれる職員のほうが圧倒的に少数だ。だがそのことだけを嘆いていても仕方ない。目の前の仕事、やるべき課題は待っていてくれない。一人一人の意欲と能力、それを正確に推し量りつつ少しずつ難易度の高い業務がこなせる職員を養成していく。仕事の出来高を挙げつつ人材育成も行う。「二兎を追う」のは本当に大変だが少数精鋭時代の役所には欠かせない視点だ。これからのマネージャーは是非、仕事を「させながら」自信を付けさせ、人を育成する。そのことにチャレンジしてもらいたい。

23 承認欲求ってホント大事！　満たされてこそ人は安心できるもの

心理学者マズローが説くように人はほとんどの場合、自分を他者から認めてもらいたい生き物だ。特に我々公務員は民間企業の営業部門などと異なりその個人成績を「数字」やその結果として「給与やボーナス」で評価してもらいにくい性格の仕事を担う。ならば我々公務員のやりがいの源泉は何だろうか。「人に喜ばれる」、「社会に評価される」それもその通りだ。だが、基礎自治体ならまだしも府民との距離がある府政の場合、直接それを感じることのできる仕事やケースはそう多くない。とすれば「ああ、がんばってよかったな」と思える機会はなんだろうか。

余りにも単純にすぎるがそれは、トップ、ボス、上司からの「ねぎらい」や「お褒めの言葉」だと私は感じる。私も多くの知事や上司に仕えた。だが「がんばって、しんどかったけど、やってよかったなぁ」と思えた時の上司、ボスは必ずそれを「褒めてくれた」上司だ。府庁時代の歴代知事の中では故横山ノック知事はその典型の方だった。職員の職階に関わらず頑張ってくれた職員には必ず「ありがとう、ご苦労さん！」と声をかけておられた。知事という最上級の上司から労いの声をかけられて気分の悪い職員などいない。「所詮、処世術でしょ」とうそぶくのは容易い。が、どれくらい世の管理・監督職や「ボス」と言われる方がそれを励行しているであろうか。私も財政課主幹時代、連日深夜まで予算編成で残業した。冬の長い予算査定業務の最後、知事の査定が終わった際に直接、労いの声をかけていただき率直に嬉しかった。他方、いくら頑張っても、またそれなりに成果を上げたつもりでも、一向に褒めることなく、「次はここまでこい！」タイプの上司も世の中には存在する。しかもそういうタイプは往々にして決まって突如として猫の目のように方針や態度を豹変させる。幸い私はそうした上司、ボスに仕えた経験はほぼなかったが、そうした方が上司では、ほとんどの人間、部下は疲弊する。最悪「もういいや、あんたの好きにして！」となってしまう恐れがある。なので私は管理職になってからは、部下たちが頑張り成果を挙げてくれた仕事は必ず労うよう心掛けた。昇任や次のキャリア形成につながる異動先のことにもよく心を配った。また知事に報告するような重要度、難易度の仕事の時にはできる限り課長はもちろん担当の課長補佐らも知事室に同行させ、「彼がやってくれました」と知事の前で言うよう心掛けていた。

世の中には真逆で、調子悪い時は「こいつです」と首を差し出し、上手くいったときは部下を差し置いて「私がやりました」としゃしゃり出る管理職もいる。私はそうしたタイプの振る舞いが大嫌いだったので、ことさらそうあらぬよう心掛けた。自分を美化するつもりはない。口ではそう言いつつもやり切れていたかどうかは部下の判断に委ねる。だが頑張る部下を抱える管理職の皆さんには、彼らが「もうひとふんばりしよう！」と思えるよう是非、そうした心がけを強く持っておいてもらいたいと願う。

本編の最後に、四十余年の役人生活を通じ私が大きく薫陶を受け今なお心している上司の言葉を紹介したい。「ワンフレーズ」の中に込められた「上に立つ者」としての想い、覚悟をかぐわっていただければと思う。

目から鱗、かくありたいと頭を垂れた学びの上司　八つの格言

①「バットは振らんと当たらんのや。世界のイチローでも、十回振って六回、七回は凡

打や。とにかくバットを振れ！」

大阪府の環境局時代にお仕えした局長の言葉だ。同氏はご自身がかつて甲子園にも出場したことのある府立高校名門野球部にも籍を置かれたスポーツマン。よく野球のたとえで部下を和ませ叱咤激励された。そんな一言だ。役人はとかくやる以上は失敗してはいけないと慎重になる。それが嵩じてできそうな仕事しか取り組もうとしない、果ては新しい仕事や面倒な仕事は極力避けよう、逃げようとする役人すらいる。それらを一掃、払拭する言葉だった。曰く「十回打席に立って、七回失敗して三回成功したら、儲けもん、ＭＶＰも頂ける、立派な成績だ。世界のイチローでも四割に届かんかったんや！」と、部下に新しいことに取り組む勇気を与えられた。言うだけでなくご自身も数々新たな施策、取組みに着手された。成功ばかりではなかったがご本人は「めげる」ことなく「さあ、次、次」とチャレンジされた。『目から鱗の』公務員の姿だった。

②『課』なんて、仕事をする上で便宜上作ってあるだけや。うちやないとかどうとかの議論にエネルギーを費やす暇あるんやったら、とっとと垣根を払ったらよい。そしたらみんなワンチームや！」

同じく環境局時代の局長のお言葉だった。お仕えした平成初期の府庁では少なくなってはいたが国や自治体でも守旧的な役所にはよく見られた、消極的権限争い、「これは、うちの仕事ではない」を局長は最も戒められた。役所の組織は社会の実態に即して造られた法律や条例を一つの大きな根拠にし、その仕事が合理的効率的に進むようユニットが作られる。それが課であり係だ。しかし社会の動態や社会問題は常に一歩先を行く。当時の環境問題もそうだった。それに対応するための役所の法律や条例、施策は常に一歩後追いになる。その結果、既存の組織では新たな課題に対応するには間尺に合わなくなる。これは当然だ。だが、それを「よいこと」にし「うちの仕事ではない」と、やらない口実にするのは反市民、反府民的で自分たちだけの「役人」の論理だ。かつて府時代も特に法律で「業務独占」が規定されている国家資格の専門職で構成される課や係にそういう嫌い、意識が往々にあった。その業務の専門性ゆえに、逆に守備範囲にことさらこだわりがちなのだ。役所の中にも当然、法律に基づく国家資格がなければその業務をできないという業務がある。これを「あべこべ」に理解して「私は○○職だからこの仕事以外は私の仕事ではない」の類の態度をとる職員が出るのだ。私がお仕えした局長曰く、「そんなに言うなら、係をなくしたら、あるいは課をなくしたらええねんやろ、ほんなら、どっちみち君らの仕事や」。養老孟司先生に『バカの壁』という著書がある。それを地でいくような諭し方だった。市役所でもそんな「仕事をしないため、したくないため、することに自信ないため」に屁理屈を言い、縄張り意識を持つ職員が私が就任した初期の頃にはしばしばいた。この局長の教えを常に頭に置いて徹底的に職員を戒めた。

③「ここまでやって立ちゆかんなら、国に、ムシロ旗立てて文句言いに行こう！」

財政課時代にお仕えした課長のお言葉だ。バブルはじけて税収は激減、財政再建に懸命になっていた時期だ。曲がったことが大嫌いで、おかしいことは相手が誰であろうとおかしいと言わずには気が済まない課長だった。当時としてできる限りの財政再建策、歳出削減策を課長の指揮のもと徹底断行した。警察官、教職員含め全職員の給与も二年間凍結し辛抱してもらうことにした。そんな府としてできるギリギリの努力をしてもまだ財政再建団体、正確には当時の法律で言う準用再建団体転落回避の目途がつかないという場面での言葉だった。「自治体」などという、およそ日本の「地方自治」の実態と異なる言葉が国やマスコミで使われ始めて久しい。が今日の日本国に「自治体」など存在しない。令和三年春以降の新型コロナワクチン接種や数次の支援策施行にまつわる国と地方の関係、政策立案過程を見ても一目瞭然だ。話を戻す。当時の府は、できる限りの努力を尽くしてもなお不足する財源すら地方交付税では頂けず国の事実上の指導に基づく「減収補填債」を発行して何とか不足財源を工面した。昔から「泣く子と地頭には勝てない」ということわざがある。最後は「そんなご無体な」と思っても交付税というキャッシュで頂けない財源は多額の「減収補填債」を発行してしのぐしか術はなかった。だが府民から見れば単なる「借金」に映る。こうした国の地方財政制度運営に対して課長はかみついた。「ここまで大阪府が自助努力しても財政健全化の見通しが付かない、そんな地方財政制度はおかしい。地方交付税が地方の財源保障機能を担う装置というなら、地方財政法で定めるとおりきちんとキャッシュをもらいに行こう。それができないなら国が「ゴメン」と地方に詫びを入れて国の赤字国債（特例国債）と同様、地方にも投資的経費（建設事業）以外にも使える地方債発行権限を全面的に渡すべきだ。それを霞が関に言いに行こう！」という論だった。のちに国がたまらなくなって制度を設けた「臨時財政対策債」がスタートする前のことだ。

我々、地方自治体職員は、国の言うことは少々おかしくとも、またかなり無理筋なことでも、面と向かって反論せず粛々とそれに従い実行しようとする癖がある。そうした「行儀良さ」について課長は「おかしいものはおかしい。時代に合っていない制度は声を発してこそ変わる可能性が出る。声を上げることこそが大事」ということを唱えられたのだ。教えられたことは多かった。以来、府時代も市役所でも「国が言ってることはすべて正しいとは限らない。実情に合ってないことはたとえ相手が国（や大阪府）でも指摘すべきだ。そうしないと国は過ちに気づかないし、また実は気付いていてもしばしば見ないふりをしてやり過ごそうとする。それでは国のビヘイビアを変えることはできない」と口を酸っぱくして唱え続けた。

④「ばかも～ん！　そんな教員に教えられている子どもの身になって考えよ！」

我々役人は時に法的公平性や安定性のために、判断や方策に「値ごろ感」を見出そうとする。「比例原則」などという法概念を持ち出すこともある。とりわけ行政処分を下す場合はのちの訴訟リスクを考えて裁判でも勝てる程度の「処分案」を作ってしまいがちだ。これを強く戒められた教育長のお言葉だった。「その処分はそもそも誰のために何のために行おうとしているのか、その本質をよく考えた上での案であり、結論なのか」に気づかせて下さった。子ども達に蛮行を繰り返していた「問題」教員の処分のときのことだった。子どもたちは年々学年進行で卒業していく。その学校で学校生活を送れるのは後にも先にも通常三年。「そんな大事な時間をこんな酷い先生のために嫌な思い出だけ残して卒業させてそれでいいと思っているのか」。これがご発言の核心だった。教育行政を預かる者として何を「社会の常識」と考えるか、その視点を持つことの大切さを教えていただいた。「(敗訴しても)責任は俺が持つ、その間だけでもこの教員を教壇から引き離しておくことができるやないか!」とまでコメントされた。その言葉にハッとした。地方公務員法上の「処分」だ。手順と時間を尽くして処分を施行した。部下に覚悟を迫り、そう語ることができた「胆力」を備えておられた。リスペクトであり、その視点、見習うべきと心した。

⑤「国民が困難を極めている。こんな時に国民の命を救えなくて、何が国家公務員か!」

平成の時代、厚生省に人事交流で出向した。赴任中の平成七年一月、阪神・淡路大震災が発災した。省庁の役割分担で厚生省が被災地への支援物資搬送を担うこととなった。私の属する局、課も担当だった。今のように備蓄物資の蓄えやプッシュ型支援のシステムは国でもまだ形成されていない。兵庫県庁や神戸市役所も大きなダメージを受け十分機能できていなかった。地元ニーズを日々把握し物資を購入、懸命に被災地に送っていた。予算が枯渇しかけた。係長が悲鳴を上げた。「もう予算がありません！」そのときの課長の言葉、一喝だった。「予算なんでどうにでもしてやる。集められるだけの支援物資を確保し被災地に送れ！」と指示し、こうも続けられた。「国民が困難を極めている。こんな時に国民の命を救えなくて、何が国家公務員かっ！」と。ふだんは本当にお優しく一度として部下に声を荒げられたこともないお方だった。職員皆、「はっ」とした。当時の状況と重ね合わせ誤解を恐れず表現すれば「本当にかっこよかった」。図らずも府庁最後の仕事が「危機管理監」だった。「万一有事が発生したらこの覚悟で指揮を執る」と心に言い聞かせていた。すべての公務員の原点、「魂」の言葉だと今も思う。

⑥「わかった。そこまで言うなら、おまえの思うとおりにせよ。おまえが課長や」

府の私学課長時代、お仕えした上司、部長の言葉だ。私の府庁新採職員時代の係長でもあり以来上司として何度かお仕えし、その都度ご指導や薫陶を受けてきた。しかも私学行政についてはすべての職階、ポストをこなしてこられたキャリアをお持ちの所管部長、直属部長だった。当時から私学業界は少子化と教育の多様化の中で生き残りをかけて激烈な競争が始まっていた。私学行政も合理性なき規制やルールは撤廃、改変しようという大きな動きが出始めていた。私もその流れに与する論者であった。そこへ幼稚園や専門学校などの設置基準を所管する係長が期せずして同様のマインドで規制改革案を相談に来た。案には同感だったので部長の了解を求めに行った。ひとつは私立幼稚園の新園認可を事実上阻んでいた運用ルールの撤廃、もうひとつは自由競争が基本とされる専修学校分野における「過度」と思われる規制緩和の話だった。部長には何度かお仕えし気心知れているとはいえそれとこれとは別の話だ。しかも部の最高責任者。上司としての意見は絶大な上に、過去そうしたルール確立にも関わってこられた私学行政の大ベテラン。その判断と言葉の重みは通常の比ではない。激論になった。過去何故そうしたルール、規制を設けたかの一端もお話しになった。こちらも組織的にしっかり検討した末での規制改革案だった。制定当時と社会経済情勢が変化していることや「護送船団、既得権益保護、参入障壁的規制」

は極力排除すべきことなどを主張させていただいた。最後は了承くださった。その最後に語られたお言葉だ。「わかった。そこまで言うなら、お前が課長や。責任もってお前が施行せよ」だった。「上司の言うことは絶対」「つべこべ言わずに言われたとおりにせい！」「なんで俺の言うことが聞かれへんねん！」などの場面が昨今、公務職場でもしばしば垣間見られる。今思うと「なんてありがたい組織、上司の下で働かせてもらったのだろう」としみじみする。一方、この私学課長時代以降、私も職階が上がるにつれ部下の意見には耳をより一層傾けるよう努力した。そして、部下の理を尽くした説明と熱意を感じた案には自説を取り下げ部下の方針をしばしば採用するようになっていった。部下の意見を「聞く力」とその実行を許す「胆力」。これすべてこの時の部長から学ばせていただいた。

⑦「なにがあるべき姿なのか、そこから議論を組み立てて行こう」

私の三十歳代後半からの十年は財政再建と向き合う十年だった。その中で最も大きな見直しが老人医療をはじめとする福祉医療費助成制度の見直しだった。高齢者の医療費をほぼ無償化する個人給付だが、高齢化の進行と一人当たり医療費の増大に伴い自治体財政を圧迫、制度の再設計が急務だった。福祉部局の立場からその見直しのリーダーを務められた当時の副理事のお言葉だった。氏は私の七、八年上になる大先輩だが若き日には港湾局で関西国際空港関連の埋立免許の仕事をされて以降、関西空港の仕事での関わりも深く私がのちに大阪府の空港戦略の実務責任者を任された時にも多くの示唆・サポートをいただいた。鋭すぎる明晰な頭脳で常に理想形を追求され、それでいてその実現に向けた理論構築だけでなく段取り力、実行力もお持ちだった。故横山ノック知事時代の財政再建の一大課題で老人福祉医療費助成制度の初めての見直しの時のことだった。世が世であればとてつもなく大きな政治的政策課題である。普通の役人なら議会や世論の予想される反発に「戦う」前から委縮し「この程度の見直しならやれるかな？　ご理解いただけるかな？」と自己抑制的に案を考えてしまう。だが副理事は違った。まずはこの制度の将来を見据えたあるべき姿は何か、今後の福祉行政において医療費助成という個人給付施策が果たしうる役割は何なのか、超高齢社会の入り口に立った日本においてこれから必要なのは現金給付や医療の現物給付でなく圧倒的に不足している介護周辺の社会サービスの充実ではないのか、そこから新たな高齢福祉社会を構想する。そして、その哲学に基づく見直し案と行政が新たになすべき社会サービスの構築に、これまで福祉医療費助成に費やしていた財源を充てる、そんな再構築案を立案すべしとの発想と行動で作業を指揮された。そして単なるあるべき論を「吹聴する」するだけでなく自らその政策哲学に基づく再構築案を議会や市町村など、方々に説明、説得する行動力と気概を見せられた。役人の中にも理想論は述べるが実行させてみたらトンとダメという職員や評論だけしかできない職員も往々いたりする。氏は全く違った。私もどちらかといえば元来が「あるべき論から物事を考え組み立てる」のが性に合っていたが、その時の「哲学と組み立て、それを実行する行動美学」に強く共鳴した。「哲学なき」施策立案、とりわけ見直し案は時に弥縫策であり、効果はおろか、かえって議会や府民・市民からの支持、ご理解さえ得られない。大いに学ばせていただいた。

⑧「そうか。ご苦労さんやった」

忘れえぬ大先輩の言葉。この章の「とり」は私の在職中に二期八年、お務めになられた副知事の一言だ。私などのはるか上の年次、駆け出しの頃は雲の上の存在の府庁マンの方だった。副知事ご就任前も事業部局長のお立場から財政再建策などに随分力を尽くして下さった。副知事に就任後も数々お助けをいただいた。その最大のエポックメーキングが企業の大型誘致案件の交渉だった。足かけ三年に及んだ交渉が実を結ばず誘致に「失敗」をし報告に参上した時の一言だ。正式公表までの最終局面での新聞情報でなんとなく「大阪への誘致は無理だったか」の心証はお持ちであったろう。だが「営業総括」としてあらゆる交渉権限を私に持たせてくださっていた。その誘致交渉の結末だ。一部の新聞は「またも負けたか、大阪府」的論調も見え隠れしていた。本来なら「あれだけの権限、戦《いくさ》で言えば、武器・弾薬・兵糧を持たせてやって送り出したのに負けてくるとはなにごとか！」とこちらが土下座する位の勢いでご叱責を頂いてもおかしくない、そんなレベルのプロジェクトであった。副知事も心の中では「無念、残念」のお気持ちや「何とかできなかったのか」

のお気持ちはあったろう。だが相手企業からの「結果連絡」を伝えに行った際の我々の報告に対し、開口一番発せられたお言葉は「そうか、わかった。ご苦労さんやった」。まず我々への「労い」だった。続いて別室で行われた最後の誘致プロジェクト対策会議でも冷静に私たちからの一連の顛末と事後対処方針をお聴き取りになった。そして会議終了後は都市整備部の幹部のみを残された。都市整備部はいざ誘致実現となればとアクセス面で全面協力する体制を整えてくれていた。そのメンバーらに、私たちが退室した後、自ら労いのお声掛けをされた。私からすれば申し訳ない思いで一杯の気持ちが募った。と共に同時に実に素晴らしい上司であり「司令官」にお仕えできたことを心底ありがたく感じた。「敗軍の将、兵を語らず」という格言がある。尊敬する上司、大先輩を「敗軍の将」と例える失礼をお許しいただければ、まさにその象徴のような場面であった。「兵は兵を知る将のもとでこそ奮い立つ」という言葉がある。次の誘致交渉は何とか実現をと懸命に汗したことは言うまでもない。「この『将』のもとで再び勇猛奮戦したい！」そんなことを感じさせてくれた偉大なる上司であり姿、それを象徴する一言であった。

あとがき

最後までお読みいただき感謝だ。本書でしるしたことは、企業、役所を問わず世の中の問題意識ある管理職からすればしごく当たり前のことばかりだ。だが私自身の経験を通じて確信するが、これらを徹底し、しっかりと実行、励行して日々の業務とひとのマネジメントができている管理職が世にどれだけいるだろうか。人間は元来怠け者だ。常に自覚しないと行動できない。日本は本格的な人口減少と超高齢社会を迎えた。地方自治体にとっては高齢者サービス、子育て支援、老朽化する施設の更新、やるべきことは山積だが税収は伸びない。市民に「増税」を問う勇気がなければ「改革」しかない。これからの自治体職員は、今まで以上に自らの仕事と市民サービスを変革していかなければ、「まち」も自治体組織も生き残っていけないのだ。ささやかな小冊子だが本書が、令和の時代の地方自治パーソンの皆さんの気づきにささやかでも参考になったならこの上ない喜びだ。

末尾に四十四年にわたる私の地方自治人生を指導・支援してくださった大阪府庁を始め

とする数多くの上司、先輩方、小職に仕え一緒に汗してくれた後輩たち、そして家庭で日々の生活を支え、市民、府民のために向けたより良い仕事のために「闘う」活力を培わせてくれた家族にも、感謝を添えて本書を捧げる。

令和六年秋

中村誠仁

■著者略歴

中村誠仁　（なかむら　せいじ）

1957 年（昭和 32 年）1 月　大阪府守口市生まれ。
1979 年同志社大学経済学部卒。
同年 4 月　大阪府庁入庁。
空港戦略室長就任、環境農林水産部長、大阪府危機管理監などを歴任後、郷土の守口市副市長に 7 年弱就任し、2023 年 4 月退職。
現在は、地方創生コンサルタントとして、地域の人づくりなどに従事。

■主な著書

『自治体職員かく生きる』（共著）2019 年
『大阪は燃えているか』2023 年
『体験的大阪産業経済政策論』2024 年

部下が動いた!! ～地方創生の主役はあなた！　できる自治体管理職の心得帖～

2024 年 12 月 12 日　初版第 1 刷発行

著　者　中村誠仁
発行所　株式会社牧歌舎
〒 664-0858　兵庫県伊丹市西台 1-6-13 伊丹コアビル 3F
TEL.072-785-7240　FAX.072-785-7340
http://bokkasha.com　代表者：竹林哲己
発売元　株式会社星雲社（共同出版社・流通責任出版社）
〒 112-0005　東京都文京区水道 1-3-30
TEL.03-3868-3275　FAX.03-3868-6588
印刷製本　冊子印刷社（有限会社アイシー製本印刷）

ISBN 978-4-434-34929-4　C2031